JN411478

더 이상
아프지 마

글·사진 조점화

시와사람

들어가는 글길

더 이상 아프지마

그곳엔 시와 사람, 그리고 열매가 있다
구름도 바람도 나그네도
호젓하게 쉬며 놀다 간다.

슬로우시티 전남 담양 창평 IC를 들어와
맛깔스러운 별미 창평시장 국밥집을 지나
연화마을에 들어서면 갤러리같은 소담하고
아름다운 시와열매교회를 시야에 저장한다
마당에 옹기종기 앉은 자갈들을 밟으니
그 소리마저도 음악이 된다
사랑스럽다
'보시기에 심히 좋았더라' 그분의 눈빛이 머무는 곳이다

교회마당 외벽에는 밀레의 만종과 함께
윤동주 시인의 '서시'가 걸려 있다.

이곳엔 하늘빛과 별빛이 쏟아지고 있었다

"죽는 날까지 하늘을 우러러 한 점 부끄럼이 없기를, 잎새에 이는 바람에도 나는 괴로워했다. 별을 노래하는 마음으로 모든 죽어가는 것을 사랑해야지. 그리고 나한테 주어진 길을 걸어가야겠다. 오늘 밤에도 별이 바람에 스치운다."

누구나 믿음의 사람들이 그랬듯이
건축 4년 동안
수많은 눈물과 시련, 핍박의 강을 건넜다.
포기하고 싶을 때도 있었다
도망가고 싶을 때도 있었다
그러나 그때마다 주님께서 나를 등에 업고
쓰담쓰담 달래시며 끝까지 걸어가셨다
주님이 하셨다
주님이 고생하셨다
주님께서 시작하셨고 완공하셨다
주님께서 기다려 주셨다.

주님의 몸된 성전에 단아한 주님의 옷 한 벌 한땀 한땀 바

느질 하는 심정으로 건축했다

기도 한 돌금, 눈물 두 돌금, 땅방울 다섯 돌금, 물질 향유 옥합 부어드린 모든 분들에게 깊은 감사를 드리며,
아름다운 성전을 완공하신 아름다운 주님께 영광스런 찬송시를 터트린다.
'더 이상 아프지마~~^'

〈시와열매교회〉 A동 1층엔 가스펠하우스(카페)와 2층에 코람데오 예배실, 청년예수실, 비전이글스실, 목양실, 하늘뜨락 테라스 공간을 갖추고 있다.

〈게스트하우스〉 B동엔 다음세대들이 캠프를 하면서 주님의 음성을 듣고 주님을 만나며 임재를 체험하고 비전을 꿈꿀 수 있도록 숙소 '셀라실과 요엘실'을 갖추고 있어 수련회 장소로 적합하다
아름다운 주님의 몸을 순간순간 카메라 스넵에 담아두었다
'너 아프지마' 두 번째 시집에 담아 시꽃을 피운다.

띠앗머리의 글

기원의 구도(求道)는 언어와 그림이 모자이크 되는 경지이다.
조점화 목사의 〈더 이상 아프지 마〉의 시집은
아름다운 작은 메시지들로
신선한 기도문이 되어 마음에 스민다.
위로의 짧은 시편들은 메시야의 아름다운 형상들로 그려지고
그로 인한 시적 문양들은 노래하고 춤을 추듯 현란하다.
조점화 목사의 사역은 춤과 노래의 향유이다.
그 가락은 시편의 구절과 구음으로, 마음의 멜로디가 되고
춤의 사위는 경전의 글자로 기도문이 된다.
그러면서 '아프지 말라'고 이른다.
아파하는 생명에게 더 아프지 않기를 기도하는 소원이다.
아름다운 문학의 기능을 종교의 사역에 접목하고 이끌며
삶의 해독의 아픔들을 정화하고 승화시키는 것이다.
작가의 글들은 눈물을 머금은 사랑의 아우름이다.
그것은 문학적 사유를 숨기며 치유와 회생과

생명의 구원에 이르고자 애써 노력 한다.
조점화 목사의 이 작품집은 생경한 시어들의 디테일한 이메지와 사진의 혼합으로 재미있고 감미롭기까지 하다.
세상의 비단실을 풀 듯 님의 옷 한 벌 짓는 일은, 색색 고운 실 옷깃에 무늬 놓는 일은 간절히 기도문을 새기는 일일 것이며 작가의 일생이듯 드라마틱하다.
바닥까지 잠겨서 조용히 조용히 기도하는 일일 것이다.
조 목사님의 이번 시집은 기도문의 향유로 말미암은 그리움이다.

- 김경선 (문학박사)

*띠앗머리 : 형제자매 사이의 우애 또는 정의 순 우리말

띠앗머리의 글

시집 제목이 눈에 확 띈다. 청년, 청춘이니까 아프다 그러나 이젠 더 이상 아프지마. 보는 순간 내 마음이 뭉클해진다. 이 시집은 위로가 필요한 당신, 마음의 달램이 필요한 당신, 마음의 공감이 필요한 당신을 원한다. 시집을 읽는 그대가 원하는 것보다 시집이 그대를 원한다. 시집을 펼쳐보아라. 시집에 기대고 싶어질 것이다. 험한 세상 속에서 묵묵히 참아내며, 걸어가는 당신. 이 시집이 그동안 외로웠던 당신의 마음을 따뜻하게 안아 줄 것이다.

이 시집이 나오기까지 시인의 마음은 과연 어땠을까? 당신이 처한 그 상황에 시인도 함께 있음을 알게 될 것이다. 하루를 살아냈던 삶이 한 편의 시가 되고, 그 삶들이 모이고 모여, 한 권의 시집이 되었다. 시와 함께 한 사진들 속에는 시인의 땀과 눈물과 손길이 묻어 있다. 시인이 그토록 바라고 원하는 마음이 담겨 있다. 간절하고 가슴 뜨거운 기도가 담겨 있다.

시집을 읽는 그대여 큰 위로를 받길 바란다. 그대도 울고 있는 한 영혼을 향해 따뜻한 손을 내밀어주고, 안아주는 한 편의 시가 되기를 기도한다.

청년사역자 데이비드

띠앗머리의 글

이 시대의 청년들이여
이젠 더 이상 아프지마!
아파본적 없는 사람이 어디있을까?
시인은 아픔을 아는 모든 이들에게 이 책으로
위로의 말을 건네기도하고,
웃음을 주는 작은 선물을 주기도 한다.
이윽고 아픔은 기쁨과 감사로 바뀐다.
청년 찬양사역자인 나도
이 시집을 읽으며 많은 희망을 얻고 또한 영감을 얻었다.
훗날 이 시어로 아름다운 곡을 붙여
치유의 노래를 부르고싶다.
이 시대의 아픈 청년들이여
이 시집 사진에 물들인 시어들을 통해
그대들이 힐링을 얻길 바라며 시집을 강추합니다.

청년 싱어송라이터. 에버그린

더 이상
아프지 마

엄청 추웠다
많이도 울었다
그리도 시린 겨울이 몇 번 지났다
그리고
사무치도록 삭힌
그리스도의 푸르른 계절이
"까르르 까~꿍"
돌아왔다

꽃처럼 향기로운 너,

충분히 어여쁜 너!

요즘 좋은 일 있나봐?

넌,....나를 살맛나게 해주거든?

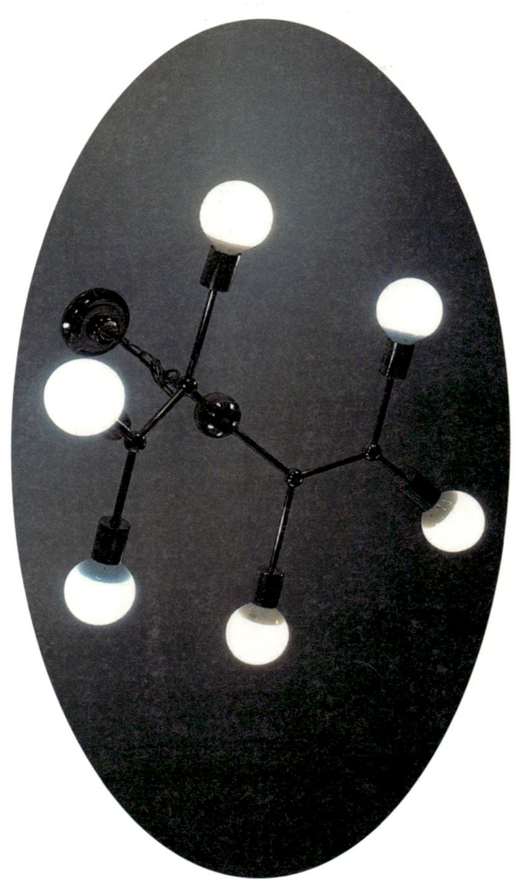

당신은

나에게 어떤 의미일까?

'묵은지' 같은 분이죠

왜?

아무리 먹어도 질리지 않거든

더이상 아프지마

이젠 울지마

숲속에 꿀송이 흐르고

종달새 노래하는

에덴의 동쪽에 살자

값은성소

레드카펫보다 훨 빛난다

넌 건축자의 버린돌

주님이 거니실 주단이 되었다

아름다운 당신 ~

코스모스

한들 산들 바람이 분다
넌, 세월이 지난 지금에도
풋풋한 소녀로
살아 있네?

주님과 찻잔사이

피어나는
손끝 짜릿한 데이트
그래,
우리의 만남은
필연이었어

주님의 옷 한 벌

그빛, 눈부시다
옷 한 벌 해 드리고
더 진한 사랑에 빠졌어요
당신의 빼어난 눈매에 푸우~욱
빠졌어요

당연

캄캄한 어둠속에서
그토록 기다리게 하더니
나는 그대에게로 가고
그대는 나에게로 와서
단아한 꽃이 되었어

완성

돌을 던졌던 자도
돌을 나르던 자도
모
두 다
행복한 참여자였다

Lord's Prayer, our father in heaven, hallowed be
하늘에 계신 우리 아버지, 아버지의 이름을

보고싶어진다

초록 침실에 창문을 활짝 열어
기다릴께
새벽이슬같은 다음세대 널~~
넌, 흔하지 않아
참 이쁘다
참 맑다
참 할말도 많다
그래서 꿈도 많은가보다

손편지

사랑하는 당신을
잊을수가 없어서
날마다 날마다
편지를 썼어

언제나 눈부신 당신

주님처럼
詩처럼
햇살처럼
살는지요
피는지요

달달함

베들레헴 당신의 떡집에
막쪄낸 생일케익 두고 갑니다
사랑 한돌금
기쁨 한돌금
함지에 담은
달달한 진설병

Gospel house

등불 밝히며

함께 했던 그밤

주님의 얼굴이 환히 보였다

Gospel House

시선

사랑하니 보였다

당신의 마음

주님의 마음

내가 먼저 고백할까!
너가 먼저 고백할래?

같이 하자

두고 보기에 너무 아까운 당신

날개

님의 옷 한 벌
한 땀 한 땀 짓는 밤
당신의 심장 소리
듣는다

영혼의 우물에 침전된
기도의 몸짓을
퍼올리고
퍼올려
온전한 그대에게로 걸어간다

행복한 웅크림

자잘한 미소
이쁘군
우리 몇시에
만날까?

세우심

연약함
날 쓰러 지게 하네
그래도 괜찮아
주님 내곁에 계시거든
앞길 막혀 내맘 무너질 때도
또, 다시 세우시거든

살구

주님의 옷에 꽃이 폈네
죽지않고
살고 살아라구
살구꽃이 폈네
너도 살구
나도 살구
같이 살구

고백

주님의 옷자락으로 나를 덮으소서
나를 거절하지 마시고
꽉 안아 주세요

멍에

난,
달아나고 싶었다
포기하고 싶었다
절망하고 싶었다
그러나 주님은 나를 놔 주지 않았다
코 낐다

반해버렸어

검은 머리 파뿌리 되도록
당신을 사랑해
주님 같은 분 흔하지 않거든?

기도 꿀팁

그 시절로 돌아가지마
제발
후회 하게 될거야
달아나지마
다시 돌아오게 되거든

이토록 하늘이 눈부시는 날

~~무슨 생각해?~~

그대 생각

1+1

단아한 너의 모습
되게 예쁘다

진짜 예쁘다

먼지없는 블루빛 하늘
주님과 사랑에 빠진 그대
좋을 때다

채움

싫다고 떠나가고
잊지않을께
믿지못해 떠나가도 기다일께
주님처럼^^

나를 성장 시킨건
스펙이 아니라 바로 너였다
너의 금향로에 담긴 기도였다

있잖아

사랑은
말하지 않아도
들리는 것

믿음은
보지 않아도
보이는 것

cafe
가스펠하우스

넌,

바라봐 주는 이 없어도

무척 향기롭군

그 꽃

설레임으로 기다려봐
피었네 ―。

기다림

정결한 시간

맑은 영혼에서
길어 올린 생수로
내 누더기옷을 씻는다

하늘의 음성 이

땅의 언어로 읽혀지는 그날

나는 당신을 만났습니다

룻의 노래

당신의 세마포
옷자락으로
나를 덮으소서

오늘도
예쁜하루

사랑이

추위에 떨고 있습니다

어서 문을 열어 주오

아픈 만큼

당신의 아픔이
나를 향해 건넨 말

너가 아픈만큼
나도 아프거든?

이젠 아프지 마

눈물병에 담긴

오롯한 비전

눈부신 소금꽃으로

빛나고 있었다

터트렸네

설레이는 감사로 아침을 맞이했다

그리고,

천년의 기다림속에 생명씨앗

한 톨 터트렸다

너 향기롭다

곱다

휘장

높은 산은 산대로

눈물은 눈물대로 부둥켜 안아도

넌 세상에서 가장 아름다운 풍경이

되었구나

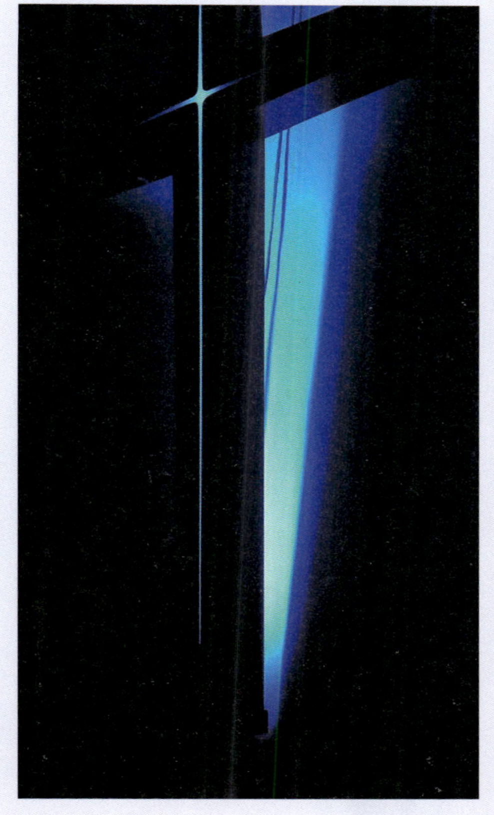

담쟁이

옷자락 부여잡고
오르고 올랐다
당신의 시선이 머무는 그곳은
은혜의 자리 성소

넌 참 붉었다

푸르른 잎새 사이로
주님과 함께한 시간들이 말을 건넨다
'날 잊지 말아요'

허브

이제
더는 감출 수 없는
감흥의 마음을 고백합니다
사랑합니다
영원히
영원히 ~.

주님의 뜰

당신을 맞으러
많은 날들을 기다렸어요
숨가쁘게 버선발로 뛰어 나가렵니다

물빛 사랑

아래로
더 아래로 흘러
겸손하게 강가에
영혼을 씻는다

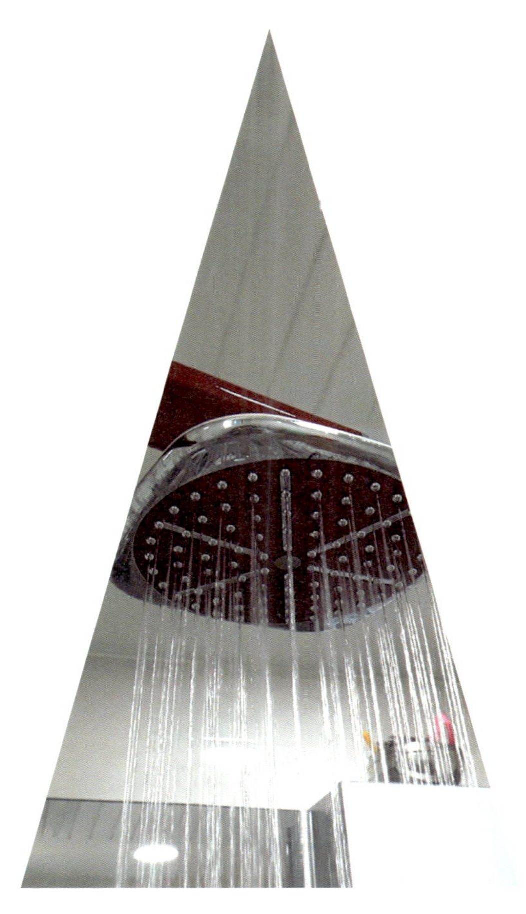

여전히 예쁘구나

그런데 원래부터 예뻤거든

새벽이슬에 젖은

주님의 앙상한 몸을 만졌다

어떻게 사랑해야 될지 알게 되었다

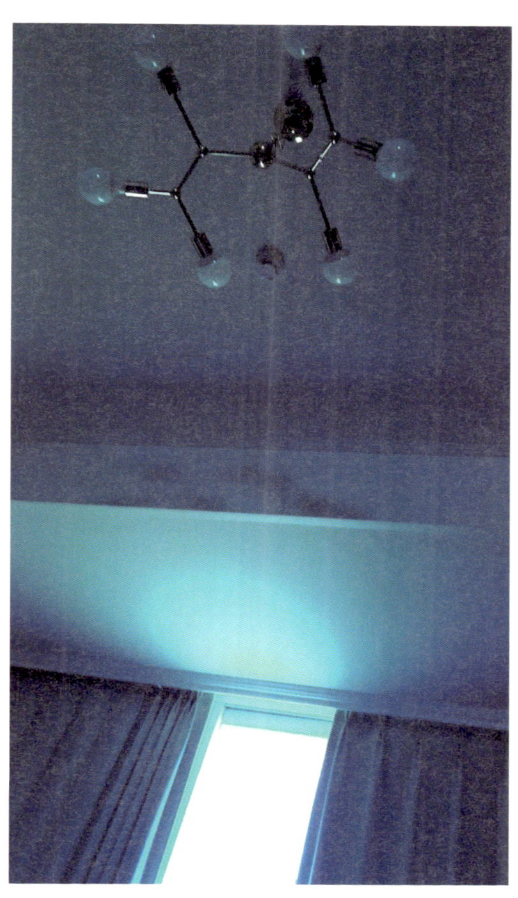

그 사람 시간들

천년보다 더 긴 기다림이었다
겨울이 세 번 지났다
눈보라에 떨고 있는
당신의 몸을 보았다
뼈만 앙상한 그 몸을

The Lord's Prayer, our father in heaven,
주기도문, 하늘에 계신 우리 아버지

죽을 만큼

힘들었다

죽도록 사랑했다

당신의 몸에

겨우 단아한 옷 한 벌

입혀드렸을 뿐인데...

THE FACE

침묵

기적은 결코

특별한 일이 아니었다

기적은 기다림 속에

소리없이 찾아왔다

필연처럼 ~

마커스(Markers)

나는 오늘도
잠잠히 기다림으로 기적을 체험한다
나이테 같은 사랑흔적을 긋는다

꽃처럼

활짝 핀 넌,

충분히

향기롭고

이쁘거든

예전부터 언제나

Shalom

내 영혼이 웃는 날
성령의 기름부음의 날
내 사랑이 웃는 날
ㅎㅎㅎ...
나는 샬롬이야

때론 아파서

영혼의 정수리마저 들 수가 없었다

그리고 서러운

겨울을 지냈다

사랑꽃이 활짝 폈네

따순 봄과 함께

그 빛

황홀하다
기도의 꽃은
천 번 흔들림 속에
조금씩 피어났지 뭐야
큐피트 사랑보다
더 찬란한 빛으로

그 음성

그러던 어느 날
작은 생명 씨알 하나
말을 건넨다

"그렇게도 힘들었니?…. "

수고 했어

그래!

이제,

우리 일어나

함께 가자.

친구,

시간을 보낼 때...
같이 멍하니 앉아 있어도
어색하지 않은 그런 친구이고 싶다

정갈한
하얀 소금밭에 엎드려 불을 쬡니다
소담한 옹달샘에서
하늘을 만나다

창문 너머 어렴풋이
옛생각이 나겠지요
노래 가사처럼
여기까지 행하신
당신이 보입니다
사랑이 보입니다
주님이 보입니다

사랑아

달달한 그사랑
외로운 긴~밤 지나더니
Red Herb 때때옷 갈아 입었넹

민트블루

송~송~한 바람이 분다
창가에 앉아
민트빛 노래를 부른다
그댈 향한
Song of song

이젠 아프지 마

그대
문을 활짝 열어다오
요한 슈트라우스
^둥당당 ♪♬
둥당당~♪♪
왈츠 추며
들녘을 나가자

빈의자

만히 걸었지
만히 아팠지?
수고했어 ㅜㅜ
이젠 쉬렴 ㅎㅎ

나무십자가

맨발로 걸었다
밑둥이 잘린
아픈 기억이 있다
이젠 훨훨 날려 버리고
영광의 화관을
그대에게 바친다

앞태를 보아도

뒤태를 보아도

내 사랑,

옷자락 사이

방긋 웃는

님의 얼굴에

내 마음 녹는다

오이코스 뿜뿜

넌. 줄기

난. 이파리

뿜뿜 이쁘구나

꽃 보다 더 아름다운

가스펠하우스

아름다운 발

많이 수고했어
니가 밟는곳마다
내 마음의 주단이 되었어

보리수

눈부시다
너가 빨갛게 물드는 날
반했어

소리없는 말

그날

나를 찾아와

말을 건넸다

괜찮아 늦지 않았어

이제 시작이다

내가 있잖아 ?

황홀한 기적

한땀 한땀
한올 한올
님의 옷을 깁는다
단아하게~
소소하게~
그토록 사랑스럽게
.
.
.

Jesus
Loves Damyang

I love gospel house

붉게 잘익은
시를 읊으며
님을 기다린다
늦지않게 나와

처자

성소 등불 밝히는 날
김.이.박.남.강.신.하.조.정.최..문.....친구야
님의 지성소에 놀러와

우리 사이

당신이면 충분합니다

건축자의 버린돌이

머릿돌이 되신 당신

빈틈없는 당신

된장녀

메주 세덩어리 득템하여
된장을 담궜다
사랑 송송 뿌려 이니셜까지 남겨보지만
맛이 영 아니다
난 된장녀?는 아닌가 보다

아주 오래된 너

그래서 좋다

참 편해서 좋다

알지?

우리 좋은사이

눈물꽃,

어둠속에서

더 빛나는 너

아픔속에서

더 아름다운 너

어느날
내속에 휘리릭 들어와 꽃이된 너
언제나 옳은 당신을
인정합니다

회원작품

샬롬- *~
그럼에도 불구하고
죽지않고

숨쉬게 하신 님이

아름답습니다

The Lord's Prayer. Our father in heaven.
주기도문. 하늘에 계신 우리 아버지

당신,

뒤뚱거리던

내 삶의

가장 아름다운

패키지였다

< 비 오는날에 >

젖는다는 건
이쁜 꽃잎 기다리며 잎새에 이는 바람에도
울어대는것

마당 한켠에
엎드린 잔디 사이로
우리의 기도가 젖는다

온유,

느낄수 있는 당신
만질수 있는 당신
참 좋습니다

참 따듯합니다

healing

다시 찾아오실 당신을 기다리며

한 잔의 커피를

준비하겠습니다

기 다 림
주님의 따뜻한 시선이 머무는 이곳,
꽃들도 구름도 쉬어가는
창평 연화마을 시와열매교회에서
당신을 기다립니다.

만종

나무잎사이로
웃음소리 퍼지고
바람 소리 들려..)))
화들짝 놀라 뒤를 돌아보니 까꿍!
당신이었네

세우심

성실히 일해 온 당신의 눈.코.입.손,발....

알고 있습니다

D-day 30

나뭇잎 사이
애벌레가 살고 있었다
갉아먹어도

난 괜찮아~

더 이쁜
새싹이
오르고 있거덩ㅎ

heaven. Give us today our debtors.
이루어지게 하소서

사택

구름에게 전하는 말

그땐, 어떻게

할줄 몰랐어

진짜야

비전이 나를 걷게했을 뿐이야

많이 힘들었지?

그 꽃

사람꽃
피었네
이토록 예쁜지
예전엔 몰랐넹
너도 꽃
나도 꽃

2017.7.26
"목사님,
감사합니다"

더 이상 아프지 마

조점화 시사집

2021년 12월 15일 인쇄
2021년 12월 20일 발행

지은이 | 조 점 화
펴낸이 | 강 경 호
발행처 | 도서출판 시와사람
등 록 | 1994년 6월 10일 제 05-01-0155호
주 소 | 광주시 동구 양림로119번길 21-1(학동)
전 화 | (062)224-5319
E-mail | jcapoet@hanmail.net

ISBN 978-89-620-5 03810

값 15,000원

공급처 ■ 한국출판협동조합
경기도 파주시 탄현면 오금로 30
주문전화 (02)716-5616, 070-7119-1740